Guía inteligente para las finanzas personales

T0005080

Cómo ahorrar e invertir dinero

Ryan Randolph

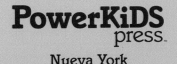

PowerKiDS press

Nueva York

Published in 2020 by The Rosen Publishing Group, Inc.
29 East 21st Street, New York, NY 10010

First Edition

Translator: Zab Translation Solutions
Editor, Spanish: María Cristina Brusca
Editor: Jennifer Way
Book Design: Greg Tucker

ISBN 9781725314184 (pbk.)
ISBN 9781725314191 (eBook)

Manufactured in the United States of America

CPSIA Compliance Information: Batch #CG19WL: For Further Information contact Rosen Publishing, New York, New York at 1-800-237-9932

Contenido

Hacer que el dinero trabaje

Cuentas de ahorro, **bonos** y **valores negociables** son formas de ahorrar e **invertir** sobre las que puedes haber oído. Algunas personas dicen que ahorrar e invertir es "hacer que el dinero trabaje para ti".

Ahorrar es conservar el dinero que tienes. Invertir significa usar el dinero que tienes para ganar más dinero. Por ejemplo, haces una inversión cuando abres un puesto de venta de limonada. Inviertes dinero que ya tienes para comprar los ingredientes y los vasos de papel. Tu meta es hacer más dinero con la venta de la limonada del que pusiste para poner el puesto. Si cumples esta meta, el dinero que invertiste en el puesto ¡te ayudó a hacer más dinero!

Ganar dinero puede ser divertido y gratificante. Aprender cómo ahorrar e invertir parte de ese dinero hará que tu dinero aumente más rápidamente.

Aumentar el dinero mediante intereses

¡Si regularmente sumas dinero a una cuenta de ahorro, el interés que ganes comenzará a sumar!

Ahorrar dinero en tu alcancía no te hace ganar dinero extra. Si pones 100 $ en tu alcancía, el monto seguirá siendo 100 $ todo el tiempo que lo mantengas allí.

Sin embargo, una cuenta de ahorro puede hacerte ganar un poquito de dinero. Cuando pones dinero en una cuenta de ahorro, el banco te paga por mantenerlo allí. El monto de dinero que ganas depende de una **tasa de interés**. Si pones 100 $ en una cuenta de ahorro que tiene una tasa de interés anual del 1 %, tendrías 101 $ después de un año. Ese crecimiento puede no parecer mucho, pero tu dinero creció ¡sin hacer nada!

Mantener dinero en una alcancía no solo no te da intereses, sino que ¡también te puede tentar para que gastes tus ahorros!

¿Por qué invertir?

Invertir puede hacer que tu dinero aumente, pero también puede hacerte perder dinero. Esto se denomina **riesgo**. Distintas inversiones tienen distintos niveles de riesgo. Por ejemplo, poner dinero en una cuenta de ahorro tiene un riesgo bajo. Ganas un monto constante y pequeño de dinero por mantener tu dinero allí. Invertir dinero en valores negociables tiene un riesgo mayor. Los valores negociables pueden valer más o menos dinero.

nas personas se molestan mucho do sus inversiones les hacen perder o. Es probable que prefieran hacer siones con un riesgo menor.

Muchas personas acuden a un profesional llamado *asesor financiero*. Esta persona ayuda a la gente a decidir qué tipos de opciones de ahorros e inversiones son adecuadas para ellos.

¿Entonces por qué las personas invierten y se arriesgan a perder dinero? Para muchas personas, el riesgo vale la pena porque pueden obtener más dinero. Prefieren arriesgarse y posiblemente hacer mucho dinero a obtener un monto garantizado pero mucho más pequeño de dinero.

Ahorrar e invertir para lograr metas a largo plazo

Algunos padres comienzan a ahorrar para la educación universitaria de sus hijos cuando los niños son muy pequeños. Esto les da mucho tiempo para ahorrar el dinero necesario para este gasto.

Ahorrar e invertir ayuda a las personas a lograr metas a largo plazo. Estas metas van a cumplirse años después, en el futuro, y requieren mucho dinero. Las metas a largo plazo pueden incluir comprar una casa, pagar estudios en la universidad o **jubilarse**.

Si tus abuelos están jubilados, es probable que tengan ahorros especiales o inversiones que los ayuden a tener dinero.

Las personas pueden abrir una cuenta de ahorro en la que ponen dinero para una meta a largo plazo. Más tarde, tendrán el dinero que pusieron en la cuenta y los intereses que ganaron. Las personas también pueden abrir cuentas especiales en las que el dinero que está allí se invierta. Más tarde, el dinero obtenido mediante sus inversiones es, con frecuencia, mucho más que el dinero que pusieron. Esta es la razón por la que invertir puede ayudar a las personas a cumplir metas a largo plazo más rápidamente que solo con el ahorro.

Las metas a largo plazo, tales como comprar una casa, con frecuencia se cumplen mediante una combinación de ahorros e inversiones.

¿Qué son los bonos?

Cuando inviertes en un bono, estás prestando dinero al emisor durante un tiempo. El emisor puede ser una empresa o el Gobierno. El emisor promete un plazo en el cual devolverá el monto del bono con intereses. Este interés normalmente es superior al interés obtenido en una cuenta de ahorro.

El Tesoro de Estados Unidos, que se muestra aquí, emite bonos del Gobierno.

Por ejemplo, si compras un bono de 100 $, le prestas al emisor 100 $. Si se trata de un bono a diez años, el emisor también te pagará intereses cada año durante diez años. Si el bono paga el 5 % de interés anual, tendrás 150 $ cuando el bono **venza** en diez años.

Si alguna vez has pedido prestado dinero a alguien y prometiste pagarle después de un periodo determinado, eso es un poco cómo funcionan los bonos.

¿Qué son los valores negociables?

Los valores negociables son un tipo de inversión en la cual las personas les dan a las empresas dinero a cambio de acciones. Una acción representa una parte de la empresa. Las personas que poseen acciones de una empresa se llaman *accionistas*.

¿Tienes un refresco favorito? Es posible que la empresa de refrescos ofrezca acciones para que las personas inviertan.

El centro del comercio de valores negociables de Estados Unidos, que se muestra aquí, está en Wall Street, en la ciudad de Nueva York.

La meta de comprar valores negociables es que el dinero que inviertes crezca junto con la empresa. A medida que la empresa crece y hace más dinero, las acciones aumentan su valor. Por supuesto, si a la empresa no le va bien, sus acciones pueden bajar su valor. Eso significa que el riesgo de invertir en valores negociables es que puedes perder dinero. Aunque también puedes ganar dinero.

Estos son certificados de propiedad de acciones que pueden emitir las empresas para los inversores. Las personas eligen los valores negociables basándose en aspectos tales como que les gustan los productos de esa empresa o que creen que a esa empresa le va a ir bien.

¿Hay otras maneras de invertir?

Elegir valores negociables para invertir es difícil. Las personas normalmente poseen valores negociables de más de una empresa a la vez. Esto distribuye su riesgo cuando sus diferentes valores negociables aumentan o disminuyen su valor. Una manera de invertir en muchos valores negociables es mediante un **fondo mutuo de inversión**. Las personas ponen dinero en el fondo, que entonces invierte en diferentes valores negociables.

Hay otras maneras de invertir, tales como los **bienes raíces**. Un inversor puede comprar un edificio y alquilarlo a otras personas. También puede comprar terrenos, construir algo allí y venderlo. En cualquier caso, espera ganar más dinero que el que había invertido cuando compró los bienes raíces.

Un inversor de bienes raíces puede comprar terrenos y construir algo allí. Esto se denomina *urbanizar*.

Ahorrar e invertir inteligentemente

Cuando algunas personas invierten, se concentran en hacer más dinero. Quieren ver que su dinero aumenta y no les importa el riesgo involucrado. Otras personas están más concentradas en no perder el dinero que invierten. Elegirán las opciones de ahorro e inversión que tengan menos riesgo.

Puedes seguir los precios de los valores negociables y leer noticias sobre las empresas en un periódico.

Otra parte importante de ser un inversor inteligente consiste en investigar distintas maneras de ahorrar e invertir. Hay muchos sitios de Internet y libros sobre esto. También es buena idea investigar las empresas en las que estás interesado en invertir. ¡Un inversor informado es un inversor inteligente!

Una parte importante de convertirse en un inversor inteligente es saber con cuánto riesgo te sientes cómodo. Esto te ayudará elegir opciones de ahorro e inversión que sean adecuadas para ti.

¿Estás listo para comenzar a ahorrar e invertir? Hay algunas maneras en que los niños pueden practicar. Primero, ¡comienza a ahorrar! Muchos bancos permiten a los niños abrir cuentas de ahorro. Pide a tus padres que te expliquen cómo abrir una.

¿La inversión en el mercado de valores es más tu estilo? Piensa en las empresas que fabrican las cosas que te gustan. La mayoría de las empresas grandes tienen valores negociables. Por ejemplo, si te encantan los videojuegos, puedes estar interesado en la empresa Electronic Arts. Busca el precio de los valores negociables de la empresa y observa cómo cambian día a día. Busca noticias sobre la empresa para aprender más sobre ella.

Si tu alcancía se llena en tu casa, es probable que desees preguntarles a tus padres si puedes abrir una cuenta de ahorro.

Consejos para ahorrar e invertir inteligentemente

1. Aprende más. Pídeles a tus padres o a un bibliotecario que te ayuden a encontrar sitios de Internet y libros con información sobre maneras en que los niños pueden ahorrar e invertir.

2. Existen juegos en línea que te permiten simular que compras valores negociables reales. Estos juegos te permiten hacer un seguimiento del desempeño de tus inversiones como si estuvieras invirtiendo realmente.

3. Establece una meta y persevera en ella. Si decides poner parte de tu asignación o ingresos en una cuenta de ahorros, ¡hazlo! Observa cómo aumenta el dinero.

4. La clave para el éxito en la inversión consiste en vender algo por más de lo que pagaste por ello. Suele decirse "compra barato y vende caro" para tener éxito en este tipo de inversión.

5. Hay aranceles para algunos tipos de inversiones. Los inversores inteligentes investigan para comprender los costos relacionados con la inversión.

Glosario

bienes raíces: terrenos o casas que se compran y venden para ganar dinero.

bonos: inversiones en las cuales las personas prestan dinero a un emisor durante un periodo determinado. El dinero se paga después con intereses.

fondo mutuo: empresa de inversiones que invierte el dinero de las personas en un grupo de valores negociables.

invertir: poner dinero en algo, como una empresa, con la esperanza de obtener más dinero posteriormente.

jubilarse: dejar de trabajar en un puesto o una profesión debido a la edad.

riesgo: posibilidad de que uno pueda sufrir daños o pérdidas.

tasa de interés: cantidad de dinero que el banco paga a alguien que tiene una cuenta de ahorro.

valores negociables: partes o acciones de una empresa.

vencimiento: fecha en que se debe pagar algo o devolver un préstamo.

Índice